Sascha Gabriel

Ubiquitous commerce

Auf dem Weg zur ultimativen Vernetzung

Sascha Gabriel

Ubiquitous commerce

Auf dem Weg zur ultimativen Vernetzung

GRIN Verlag

Bibliografische Information der Deutschen Nationalbibliothek: Die Deutsche Bibliothek
verzeichnet diese Publikation in der Deutschen Nationalbibliografie; detaillierte bibliografische Daten sind im Internet über http://dnb.d-nb.de/ abrufbar.

1. Auflage 2007
Copyright © 2007 GRIN Verlag
http://www.grin.com/
Druck und Bindung: Books on Demand GmbH, Norderstedt Germany
ISBN 978-3-638-67211-5

Trends und Technologien des Web 2.0

Thema Nr. 10

Ubiquitous Commerce

Seminararbeit

am Lehrstuhl für E-Business und E-Entrepreneurship
Universität Duisburg-Essen, Campus Essen

FB Wirtschaftswissenschaften

vorgelegt von: Sascha Gabriel

Studiengang: Wirtschaftsinformatik
Fachsemester: 9

Abgabedatum: 10.01.2007

Inhaltsverzeichnis

Abbildungsverzeichnis

1 Einleitung

Das Internet hat eine gewaltige Welle des Wandels mit sich gebracht und die Art und Weise wie Geschäfte heutzutage abgewickelt werden in vielen Dingen verändert. Die nächste Welle, welche auf die Innovationen in der Wireless und Ubiquitous-Computing-Technologie zurückzuführen ist, wird diese Entwicklung noch weiter fortführen. Am Ende dessen steht die ultimative Form der Vernetzung. Es wird allgegenwärtige Netzwerke und universale Endgeräte geben, die die Kommunikation überall und zu jeder Zeit erlauben werden. Als Resultat dessen werden wir von der aktuellen Zeit des Mobile Commerce in die des Ubiquitous Commerces[1] übergehen. Doch was steht wirklich hinter diesem Begriff und welche neuen Möglichkeiten erschließen sich für Unternehmen?

Ein Ziel dieser Arbeit ist es, dem Leser ein Verständnis für den Begriff des U-Commerce zu vermitteln und dieses Phänomen näher zu untersuchen. Um dies zu gewährleisten wird zu Beginn die Entstehung des U-Commerce näher erläutert, weshalb zunächst der Begriff des Mobile Commerce genauer untersucht wird und seine spezifischen Charakteristika dem Leser näher gebracht werden. Darauf aufbauend erfolgt dann eine Abgrenzung des Mobile Commerces gegenüber dem U-Commerce aufgrund dessen dann eine Definition dieses Phänomens erfolgt.

Anschließend werden die sich durch den U-Commerce ergebenden Chancen und Risiken für Unternehmen mit internetbasierten Geschäftsmodellen näher untersucht. So dass als ein weiteres Ziel der Arbeit definiert werden kann, dem Leser einen Überblick über die sich bietenden Chancen und Risiken zu gegeben.

---

[1] Synonym verwendete Begriffe sind auch U-, Ultimate- und Über-Commerce. Im Folgenden wird nur noch der Begriff des U-Commerce verwendet werden.

2 Phänomen U-Commerce

2.1 Entstehung

In den letzten Jahren hat sich die Art und Weise wie Geschäfte abgewickelt werden entscheidend verändert. Ausgehend von dem G-Commerce (Geographic Commerce), bei dem für die Durchführung eines Geschäftsvorgangs die physische Zusammenkunft der Geschäftspartner noch von Nöten war, entstand mit dem E-Commerce (Electronic Commerce) die „erste Welle" der Revolution der Geschäftswelt. Dieser hebt die Beschränkung des physischen Zusammenkommens der Geschäftspartner auf und erlaubt die Geschäftsabwicklung durch eine elektronische Interaktion der beteiligten Parteien[2]. Die Revolution wurde durch die Verbreitung des Internets ermöglicht und sorgte so für die Erschaffung der Digital Economy[3]. Als „zweite Welle" dieser Revolution wird der M-Commerce (Mobile Commerce) gesehen[4], welcher den E-Commerce aufgrund von mobilen Endgeräten ortsunabhängig werden lässt. Die letzte Stufe dieser Entwicklung ist der U-Commerce, eine Form des Handels, die wir heute noch nicht erreicht haben. In Abbildung 1 ist die beschriebene Evolution des Handels noch einmal graphisch dargestellt.

| Geographical Commerce | ⟹ | Electronic Commerce | ⟹ | Mobile Commerce | ⟹ | Ubiquitous Commerce |

Abbildung 1: Evolution des Handels[5]

---

[2] Vgl. *Andam* (2003), S.6

[3] Synonym verwendete Begriffe sind auch: Net Economy, Informations- und Netzwerkökonomie

[4] Vgl. *Curie* (2000)

[5] In Anlehnung an *Junglas* (2003)

2.2 M-Commerce

Eine Definition des M-Commerce kann am Besten erfolgen, indem man die Unterschiede zwischen diesem und dem E-Commerce aufzeigt. Von daher werden zunächst die Charakteristika des M-Commerce näher untersucht, da anhand dieser am Besten eine klare Abgrenzung gegenüber dem E-Commerce erfolgen kann. Die Charakteristika lassen sich in Erreichbarkeit (reachability), Zugänglichkeit (accessibility), Lokalisation (localisation), Identifikation (identification) und Portabilität (portability) klassifizieren[6]. Im Folgenden wird jede dieser Eigenschaften näher erklärt und auf die Verschiedenheit bezüglich des E-Commerces untersucht. Abbildung 2 zeigt die Unterschiede der beiden Arten des Handels, wobei um die gleichen Charakteristika auf der Seite des elektronischen und mobilen Handels unterscheiden zu können, das Präfix E- oder M- vorangestellt wird. Wie aus der Abbildung zu entnehmen ist, kommt der Eigenschaft Portabilität eine entscheidende Rolle zu. Aus diesem Grund wird mit der Betrachtung dieses Charakteristikums begonnen.

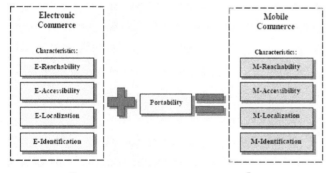

Abbildung 2: Übergang vom E- zum M-Commerce[7]

---

[6] Vgl. *Junglas.* (2003)

[7] In Anlehnung an *Junglas.* (2003)

2.2.1 Portabilität

Portabilität umfasst die physischen Aspekte von mobilen Endgeräten. Zu der Klasse der mobilen Endgeräte sollen hier nicht nur Mobiltelefone, sondern jede Art von kleinen, leichtgewichtigen Geräten für Sprach- und Daten-Kommunikation gezählt werden[8]. All diese Geräte haben das Streben nach Verkleinerung bei gleichzeitiger Vergrößerung ihrer Funktionen gemeinsam und ermöglichen dem Benutzer Ortsunabhängigkeit bei der Abwicklung von Geschäften über das Internet[9].

Wie aus Abbildung 2 ersichtlich, hat die Eigenschaft der Portabilität eine besondere Bedeutung für den M-Commerce und macht die anderen Charakteristika erst einzigartig und unterscheidbar von den entsprechenden auf der Seite des E-Commerces.

2.2.2 M-Erreichbarkeit

M-Erreichbarkeit beschreibt den Umstand, dass ein Benutzer eines mobilen Endgerätes 24 Stunden, 7 Tage die Woche für andere Menschen erreichbar ist. Dies ist natürlich nur möglich, vorausgesetzt die Netzabdeckung ist ausreichend und das Gerät eingeschaltet. Der Benutzer hat auch die Möglichkeit seine M-Erreichbarkeit auf bestimmte Personen und Zeiten zu beschränken.

Beim E-Commerce hingegen, ist die E-Erreichbarkeit auf den Zugang zum Internet über einen Computer beschränkt. Ein Benutzer ist also nur erreichbar, wenn er sich physisch vor einem Computer befindet, welcher mit dem Internet verbunden ist. In der mobilen Welt jedoch, kann eine „wahre" zu-jeder-Zeit (any time), an-jedem-Ort (any place) Erreichbarkeit gewährleistet werden, begünstigt durch die Eigenschaft der Portabilität[9].

---

[8] Weitere Beispiele wären Personal Digital Assistants (PDA), Smart Phones, Laptops, etc.

[9] Vgl. *Junglas*. (2003)

2.2.3 M-Zugänglichkeit

Im Gegensatz zur M-Erreichbarkeit beschreibt M-Zugänglichkeit die Tatsache, dass ein Benutzer mit Hilfe eines mobilen Endgerätes zu jeder Zeit und von jedem Ort aus Zugang zu einem mobilen Netzwerk hat. Natürlich ist auch hier wieder eine adäquate mobile Netzabdeckung vorausgesetzt. Mit heutigen Übertragungstechnologien ist der Benutzer jedoch noch gezwungen pro-aktiv eine Sitzung zu initialisieren. Zukünftige Technologien hingegen, werden es dem Benutzer erlauben permanent verbunden zu sein und dies auch ohne vorher eine Sitzung initiiert zu haben.

Im Gegensatz dazu ist die E-Zugänglichkeit, genauso wie die E-Erreichbarkeit zuvor, wieder an einen Computer gebunden. Von daher ist ein Zugang zu einem Netzwerk nur über einen Computer mit entsprechendem Netzwerkanschluss möglich und die Art des Zugangs ortsabhängig.

Die Kombination von M-Erreichbarkeit und M-Zugänglichkeit erweitern das traditionelle Raum-Zeit-Kontinuum wie aus Abbildung 3 ersichtlich ist. Obwohl wir uns in der Zeit des M-Commerce befinden, ist die äußerste Form von M-Erreichbarkeit und M-Zugänglichkeit noch nicht erreicht. Von daher kann der U-Commerce als der Stand gesehen werden, bei dem die M-Charakteristika in vollem Umfang erfüllt sind. Solch eine Welt ist dann gekennzeichnet durch allgegenwärtige Erreichbarkeit und Zugänglichkeit[10].

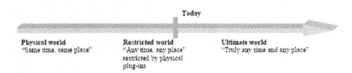

Abbildung 3: Raum-Zeit-Kontinuum[11]

---

[10] Vgl. *Junglas* (2003)

[11] In Anlehnung an *Junglas.* (2003)

6

2.2.4 M-Lokalisierung

M-Lokalisierung beschreibt die Möglichkeit der Lokalisierung einer Person aufgrund ihres mobilen Endgerätes. Dieses ist die wichtigste Eigenschaft um ortsspezifische Mehrwertdienste (location-based services) zu ermöglichen und gilt von daher als das Charakteristikum, das den M-Commerce vom E-Commerce am deutlichsten unterscheidet[12].

Die Lokalisierung von Personen durch mobile Endgeräte beruht heutzutage auf Technologien wie beispielsweise GPS[13], die eine exakte Bestimmung des geographischen Längen- und Breitengrades erlauben. Beim E-Commerce kann die Identifizierung des Aufenthaltes eines Benutzers nur aufgrund der IP-Adresse erfolgen, wobei durch die Verwendung von größtenteils dynamischen IP-Adressen dieses erschwert bzw. unmöglich wird.

2.2.5 M-Identifikation

Mobile Endgeräte verwenden größtenteils Chipkarten zur Authentifizierung des Benutzers. Diese Karten beinhalten sicherheitsrelevante Daten ebenso wie Benutzerdaten und werden in das mobile Endgerät gesteckt[14]. Dieser Umstand ermöglicht die Entkopplung der Identität des Benutzers vom mobilen Endgerät und erlaubt so den Wechsel des Endgerätes ohne den Wechsel der Identität. Die angesprochene Identität kann als M-Identität bezeichnet werden.

Im Gegensatz dazu ist die Identität eines Benutzers im Kontext des Internets an einen Computer gebunden. Es sind zwei Ansätze zur E-Identifikation möglich. Zum einen auf dem Anwendungs- und zum anderen auf dem Hardware-Level.

Auf dem Anwendungs-Level können Internetapplikationen nur begrenzte Informationen über die Identität eines Benutzers speichern, beispielsweise durch Cookies, und so keine konsistenten und umfassenden Benutzerprofile erstellen. Zusätzlich kann durch den Wechsel des Computers oder absichtliches Angeben von falschen Informationen das Problem noch

---

[12] Vgl. *Junglas* (2003)

[13] Global Positioning System

[14] Vgl. *Vedder* (2002)

vergrößert werden. Ein Benutzer kann also für eine Anwendung verschiedene Profile besitzen, wodurch seine eindeutige Identifizierung nicht möglich ist. Auf dem Hardware-Level kann die Identifizierung nur anhand der IP-Adresse erfolgen. Jedoch ist dieses wie schon zuvor erwähnt, aufgrund von dynamischen IP-Adressen, unmöglich[15].

Die Kombination von M-Lokalisierung und M-Identifizierung erweitert das traditionelle Verständnis von Personalisierung, wie in Abbildung 4 dargestellt. Auch hier ist, genau wie beim Raum-Zeit-Kontinuum, noch nicht die äußerste Form erreicht. Erst im U-Commerce wird dieser Status erreicht und liefert dann ein eindeutiges Benutzerprofil, das eindeutig identifiziert werden kann.

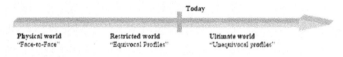

Abbildung 4: Kontinuum der Personalisierung[16]

[15] Vgl. *Junglas* (2003)
[16] In Anlehnung an *Junglas*. (2003)

Wenn man die beiden eindimensionalen Axen von Abbildung 3 und 4 kombiniert, erhält man eine zweidimensionale Matrix (Abbildung 5).

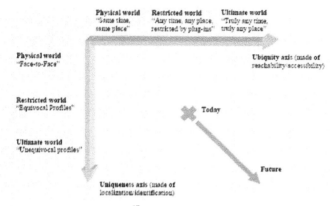

Abbildung 5: Die U-Matrix[17]

Die U-Matrix repräsentiert nicht nur den G-Commerce, sondern auch den E- und M-Commerce, genau so wie den U-Commerce, welcher die äußerste Form von Erreichbarkeit, Zugänglichkeit, Lokalisierung und Identifikation darstellt. Zurzeit erleben wir einen Übergang von der Mitte nach rechts unten in der Matrix. Von einer Welt ohne absolute Netzwerkabdeckung und mit inkonsistenten Benutzerprofilen auf verschiedenen Plattformen, hin zu einer Welt, die gekennzeichnet ist durch Allgegenwärtigkeit von Netzwerken und Eindeutigkeit in der Identifizierung. Jedoch gibt es Faktoren, die diesen Übergang hemmen und auf die später noch näher eingegangen wird.

---

[17] In Anlehnung an *Junglas*. (2003)

2.2.6 Definition

Nachdem nun die Eigenschaften des M-Commerce näher beleuchtet worden sind, lässt sich dieser definieren als

„*the use of wireless technology for communications and transactions between an organization and its various stakeholders to improve organizational performance*"[18],

wobei mit Stakeholdern Kunden, Lieferanten, Regierungen, finanzielle Institutionen, Manager, Angestellte und die Gesellschaft als Ganzes gemeint sind[19].

2.3 Vom M- zum U-Commerce

Im folgendem sollen die Faktoren untersucht werden, die den Übergang vom M- zum U-Commerce hemmen. Dabei lassen sich diese, in Anlehnung an das ISO/OSI-Referenzmodell, in vier verschiedene Sichten unterteilen. Diese wären mobile Anwendungen, mobile Netzwerke, mobile Endgeräte und Datensynchronisation (Abbildung 6).

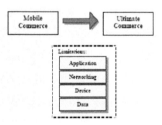

Abbildung 6: Der Übergang vom M- zum U-Commerce[20]

Mobile Anwendungen sind zurzeit noch an bestimmte Endgeräte, Daten oder darunterliegenden Netzwerke gebunden und nicht mit allen verfügbaren Varianten kompatibel beziehungsweise lauffähig. Zukünftig werden mobile

---

[18] *Junglas.* (2003)

[19] Vgl. *Junglas* (2003)

[20] In Anlehnung an *Junglas.* (2003)

Anwendungen jedoch universell benutzbar, unabhängig vom darunterliegendem Netzwerk, den Daten und den Endgeräten sein.

Die Landschaft der mobilen Netzwerke zeichnet sich aktuell auch noch durch Heterogenität aus, so dass viele Varianten existieren, die sich hinsichtlich des eingesetzten Protokolls und der benutzten Frequenz unterscheiden. Dies soll sich zukünftig aufgrund von Standardisierungen verändern und so der Zugang zu mobile Netzwerken auf verschiedenen Plattformen und in allen Ländern sichergestellt werden.

Mobile Endgeräten lassen sich augenblicklich auch noch klar hinsichtlich ihrer zu erfüllenden Aufgabe trennen, weshalb es für verschieden Applikationen eine Vielzahl von unterschiedlichen Endgeräten gibt. Smart Phones sind der Anfang auf dem Weg zu Endgeräten, die traditionell getrennte Anwendungen in einem Gerät integriert zur Verfügung stellen.

Die Datensynchronisation ist aufgrund von heterogenen Netzwerkstandards, inkompatiblen Applikationen und Endgeräten heute schwierig durchzuführen und es wird erwartet, dass dieses zukünftig über die Grenzen von Netzwerken, Anwendungen und Endgeräten hinweg möglich sein wird[21].

Anhand der vorhergehenden Betrachtung der verschiedenen hemmenden Faktoren wird schnell ihre gegenseitige Abhängigkeit offensichtlich. So können die Hindernisse auf dem Weg vom M- zum U-Commerce nur beseitigt werden, wenn alle gleichzeitig gelöst werden, da der Erfolg des Einen an den Erfolg eines beziehungsweise aller Anderen geknüpft ist.

---

[21] Vgl. *Junglas* (2003)

2.4 Begriff

Die Eigenschaften des U-Commerces ergeben sich aus der Aggregation der Eigenschaften des M-Commerce und den zurzeit noch hemmenden Faktoren auf dem Weg vom M- zum U-Commerce. Es lassen sich also die vier Eigenschaften Ubiquity, Uniqueness, Universality und Unision identifizieren[22] (Abbildung 7). Im Folgenden werden diese näher untersucht, um anschließend eine Definition des Begriffes U-Commerce zu ermöglichen.

Ubiquity = *äußerste Form der (M-Erreichbarkeit + M-Zugänglichkeit)*

Uniqueness = *äußerste Form der (M-Lokalisaiton + M-Identifikation)*

Universality = *Verschmelzung von (mobilen Netzwerken + Endgeräten)*

Unision = *Verschmelzung von (mobilen Anwendungen + Datensynchronisation)*

Abbildung 7: Eigenschaften des U-Commerce[23]

2.4.1 Ubiquity

Ubiquity kann als eine Form von Netzwerken beschrieben werden, die das Bedürfnis nach überall zugänglichen Real-Time-Informationen und nach überall zugänglicher Kommunikation sicherstellen, wobei dieses unabhängig vom Ort des Benutzers ist. Es ist also ersichtlich, dass sich diese Eigenschaft aus dem Zusammenschluss der beiden Eigenschaften M-Erreichbarkeit und M-Zugänglichkeit ergibt, wobei dieses den „zu jeder Zeit" Zugang sicherstellt und durch die Portabilität um die Komponente „an jedem Ort" erweitert wird[24]. Zu diesem Punkt zählt auch die Integration von Mikroprozessoren in Gegenstände jeglicher Art, wodurch diese Teil des allgegenwärtigen Netzwerkes werden und sich aufgrund dessen völlig neue Nutzungsmöglichkeiten ergeben[25].

---

[22] Vgl. *Watson* (2000)

[23] In Anlehnung an *Junglas.* (2003)

[24] Vgl *Junglas.* (2003)

[25] Vgl. *Watson et al.* (2004)

2.4.2 Uniqueness

Uniqueness beinhaltet den Aspekt der Personalisierung, also die Möglichkeit dem Benutzer personalisierte Produkte und Services zur Verfügung zu stellen und ergibt sich aus dem Zusammenschluss von M-Lokalisation und M-Identifikation. Es erfolgt eine eindeutige Identifikation des Benutzers und die Lokalisation gewährleistet eine exakte Bestimmung des Aufenthaltes des Benutzers, so dass „wahres" One-to-One Marketing angeboten werden kann[26].

2.4.3 Universality

Universality beschreibt den Umstand, dass aktuelle mobile Endgeräte in ihrer Benutzbarkeit eingeschränkt sind, da sie nicht weltweit eingesetzt werden können[27]. Als Beispiel können hier Handys herangezogen werden, welche, aufgrund von unterschiedlichen Standards und Netzwerkfrequenzen in den USA und Europa, nicht in beiden Gebieten benutzt werden können. In der Zeit des U-Commerce erwartet man deswegen mobile Endgeräte, die unabhängig vom Ort auf ein global-integriertes, mobiles Netzwerk zugreifen können[26].

2.4.4 Unision

Unision beinhaltet die Idee von integrierten Daten zwischen verschiedenen Anwendungen, wobei sich diese automatisch synchronisieren. Es ergibt sich hieraus also die Möglichkeit verschiedene Geräte für die gleichen Aufgaben zu verwenden, wobei immer auf den gleichen Datenbestand zurückgegriffen werden kann. So entspricht beispielsweise ein Telefonbuch auf dem Computer dem auf dem Handy und allen anderen elektronischen Telefonbüchern, die man besitzt[26].

---

[26] Vgl. *Junglas* (2003)

[27] Vgl. *Watson* (2000)

2.4.5 Definition

Nachdem der Beschreibung der Eigenschaften des U-Commerces und der vorangegangenen Definition des M-Commerce kann dieser nun definiert werden als

„the use of ubiquitous networks to support personalized and uninterrupted communications and transactions between a firm and ist various stakeholders to provide a level of value over, above and beyond traditional commerce"[28].

3 Chancen und Risiken für internetbasierte Geschäftsmodelle

Nach der Beschreibung des Phänomens U-Commerce werden nun die Chancen und Risiken speziell für internetbasierte Geschäftsmodelle betrachtet. So wird zuerst ein Überblick über die zurzeit vorhandenen internetbasierten Geschäftsmodelle gegeben und anschließend deren mögliche Vor- und Nachteile durch den Übergang vom M- zum U-Commerce genauer untersucht.

3.1 Internetbasierte Geschäftsmodelle

Nach Wirtz lassen sich vier verschieden Geschäftsmodelle im Umfeld des Internets identifizieren, wobei eine gegenseitige Abgrenzung dieser aufgrund ihres Leistungsangebotes erfolgt. Die Geschäftsmodelle sind Content, Commerce, Context und Connection. Diese Geschäftsmodelltypologie wird auch als das 4C-Net-Business-Model bezeichnet (Abbildung 8).

---

[28] *Watson et al.* (2002)

Content	Commerce
• Kompilierung (Packaging) • Darstellung und • Bereitstellung von Inhalten • auf einer eigenen Plattform	• Anbahnung • Aushandlung und/oder • Abwicklung von Geschäfts- transaktionen
Context	Connection
• Klassifikation und • Systematisierung von im Internet verfügbaren Informationen	• Herstellung der Möglichkeit eines Informationsaustausches in Netzwerken

Abbildung 8: Basisgeschäftsmodelltypen des 4C-Net-Business-Model[29]

Der Geschäftsmodelltyp Content beschreibt die Darstellung und das Bereitstellen von Inhalten auf einer eigenen Plattform, wobei sich die Inhalte thematisch gliedern in Information, Unterhaltung und Ausbildung[30]. Commerce beinhaltet hingegen die Anbahnung, Aushandlung und/oder Abwicklung von Geschäftstransaktionen[31]. Zur Kategorie des Modelltyps Context zählen Suchmaschinen und Webkataloge, die die Klassifikation und Systematisierung von im Internet verfügbaren Informationen zum Ziel haben[32]. Als letzter Geschäftsmodelltyp ermöglicht Connection die Herstellung eines Informationsaustausches in Netzwerken, wobei zwischen Intra- und Inter-Connection unterschieden wird[33].

3.2 Chancen

Für internetbasierte Geschäftsmodelle ergeben sich vornehmlich Chancen aus dem U-Commerce, wenn Location-based Services angeboten werden können. Denn es wurde festgestellt, dass der Einsatz von U-Commerce-Technologien

---

[29] *Wirtz* (2001), S.218.

[30] Vgl. *Wirtz* (2003), S.589.

[31] Vgl. *Wirtz* (2003), S.593.

[32] Vgl. *Wirtz* (2003), S.598.

[33] Vgl. *Wirtz* (2003), S.601.

keinen Unterschied zum M-Commerce darstellt, wenn keine ortsabhängigen Aufgaben ausgeführt werden[34].

Der weitere große Vorteil des Zeitalters des U-Commerce liegt vor allem in den umfassenden und eindeutigen Benutzerprofilen, die zuvor in dieser Art und Weise nicht existiert haben, sowie der eindeutigen Identifizierung des Benutzers. Aufgrund dessen können dem Benutzer passgenaue Daten geliefert werden und Inhalte genau seinen Präferenzen entsprechend aufbereitet werden. Dies kann beispielsweise das Anzeigen von bestimmten Werbebannern (One-to-One Marketing), das Aufbereiten von bestimmten Nachrichten oder ähnlichem umfassen. Geschäftsmodelle, die, anhand der geographischen Position des Benutzers und seinem Profil und Präferenzen, dem Nutzer relevante Services und Produkte anbieten können, versprechen den größten Erfolg zu haben[35]. Denn sie können Nutzern pro-aktiv Services oder Produkte anbieten, ohne dass dieser eventuell selbst über die Möglichkeit dieser Angebote nachgedacht hätte[36] und so eine neue Art von Komfort für den jeweiligen Nutzer erzeugen.

Es werden vermutlich viele neue Dienstleistungen angeboten werden, die zuvor nicht möglich gewesen sind, wobei diese vornehmlich das Geschäftsmodell Content betreffen.

Als weitere Chance des U-Commerce kann die ständige Erreichbarkeit der Benutzer gewertet werden, sofern sie dieses zulassen. Von daher werden gerade bei Intra-Connection Geschäftsmodellen Alert-Funktionen immer wichtiger werden. Bereits heute benutzen viele Menschen diese Funktionen um sich bei Eintritt eines bestimmten Ereignisses, umgehend über dies informieren zu lassen[37].

Es bieten sich Unternehmen im Internet also eine Vielzahl von Möglichkeiten um ihr Geschäft auf den U-Commerce hin auszurichten. Gerade für Early Mover bestehen gewaltige Chancen, da im Internet die Sicherung einer Kundenbasis immer wichtiger wird und die Neukundenakquisition im Verlaufe der Zeit sich immer schwieriger gestaltet. Untersuchungen haben

---

[34] Vgl. Junglas (2003)

[35] Vgl. *Galanxhi-Janaqiet al.* (2004)

[36] Vgl. *Gersham* (2002)

[37] Vgl. *Galanxhi-Janaqiet al.* (2004)

gezeigt, dass die Early Mover im E-Commerce im Nachhinein erfolgreicher waren als Nachzügler[38]. Der U-Commerce bietet also für bereits schon bestehende Unternehmen die Chance, den jeweiligen Leistungsumfang zu erweitern und so die bestehende Kundenbasis noch mehr an sich zu binden. Gleichzeitig entsteht, begünstigt durch die neuen technischen Begebenheiten, eine große Chance für Unternehmensgründer, da, wie zuvor bereits erwähnt, der U-Commerce eine Vielzahl von vorher nicht realisierbaren Geschäftsideen ermöglicht. Jedoch bringt der U-Commerce auch eine Reihe von Risiken mit sich, die im Folgenden betrachtet werden.

3.3 Risiken

Neben finanziellen Risiken, die durch die Investition in neue Entwicklungen entstehen, besteht für Unternehmen das größte Risiko in dem möglicherweise mangelnden Vertrauen der Nutzer. So muss dieses vorrangig für ein bestimmtes Geschäftsmodell geschaffen und anschließend ausgebaut werden. Denn durch die totale Vernetzung und die eindeutigen Benutzerprofile müssen vor allem Sicherheitsrisiken minimiert werden. Der Nutzer muss immer die Hoheit über seine persönlichen Daten haben und Garantien erhalten, dass seine Daten nur für bestimmte Zwecke benutzt und nicht missbraucht werden. Schon heute erleben wir die Probleme, die durch Datendiebstahl und – missbrauch entstehen. Es muss die Privatsphäre des Einzelnen geschützt werden. Von daher müssen Unternehmen Verantwortung übernehmen und klare Sicherheitsrichtlinien aufstellen und diese vor allem transparent den Benutzern gegenüber praktizieren[39].
Ein weiteres Risiko stellt möglicherweise die mangelnde Akzeptanz für ein Geschäftsmodell dar. Denn durch den U-Commerce ergibt sich für Unternehmen die Möglichkeit völlig neue Leistungen anzubieten, welche es vorher noch nicht gab. Die Unternehmen müssen sich von daher sicher sein, dass die von ihnen angebotene Leistung auch seine Nutzer/Abnehmer findet. Die Akzeptanz kann aber auch aufgrund von technischen Gegebenheiten verwehrt bleiben. So müssen Unternehmen vor allem die Entwicklung von

---

[38] Vgl. *Park* (2003)

[39] Vgl. *Galanxhi-Janaqiet al.* (2004).

mobilen Endgeräten mitverfolgen, da selbst das beste Geschäftsmodell keine Akzeptanz finden wird, wenn das Endgerät, auf dem es ausgeführt wird, nicht benutzerfreundlich ist.

Die genannten Risiken sind für alle Arten von Geschäftsmodellen zu sehen, die im 4C-Net-Business-Model enthalten sind.

3.4 Fazit

Unternehmen mit internetbasierten Geschäftsmodellen sollten den Schritt hin zum U-Commerce nur wagen, wenn vorher alle entsprechenden Vor- und Nachteile betrachtet worden sind. Es muss im jedem Fall einzeln entschieden werden wie das Unternehmen die technischen Möglichkeiten ausnutzt um eventuell sein bestehendes Leistungsspektrum noch zu verbessern beziehungsweise zu erweitern. Jedoch ist es grundlegend, sich zuvor ausgiebig mit dem Thema Sicherheit und dem Schutz der Privatsphäre des Benutzers auseinandergesetzt zu haben. Denn diesem Punkt wird in Zukunft ein noch größerer Stellenwert zukommen als es heute schon der Fall ist.

4 Zusammenfassung & Ausblick

Es lässt sich festhalten, dass U-Commerce das Potential hat die heutige Welt des E- beziehungsweise M-Commerce gewaltig zu verändern. Jedoch ist es noch ein weiter Weg bis alle Hindernisse ausgeräumt sind und der Übergang vom M- zum U-Commerce vollzogen ist. Nach und nach werden wohl immer mehr Anwendungen entstehen, die auf dem U-Commerce begründet sind. Abhängig ist das Ganze allerdings sehr stark von der Entwicklung der technischen Endgeräte und der fortschreitenden Standardisierung von mobilen Netzwerken.

Für Unternehmen mit internetbasierten Geschäftsmodellen entsteht durch den U-Commerce die Möglichkeit ihr bisheriges Leistungsangebot auszubauen beziehungsweise zu verbessern und dadurch die bestehenden Kunden noch mehr an sich zu binden. Auch ermöglicht der U-Commerce vollständig neue Geschäftsideen und wird so wahrscheinlich zu einer Reihe von Unternehmensneugründungen führen. Jedoch dürfen in beiden Fällen nicht nur die sich bietenden Chancen, sondern es müssen auch die jeweiligen Risiken betrachtet werden.

18

Spannend ist die Frage, ob überhaupt jemals die letzte Stufe des Handels vollständig erreicht werden wird, da dafür beispielsweise eine Netzabdeckung auf der ganzen Welt gewährleistet sein muss. So wird der ultimative U-Commerce wohl noch länger eine Vision bleiben, aber in kleinen Teilen mehr und mehr Einzug in unser Leben finden.

Verzeichnis der zitierten Literatur

Andam, Zorayda Ruth (2003), e-commerce and e-business, http://www.apdip.net/publications/iespprimers/eprimer-ecom.pdf, Zugriff am 6. Januar 2007.

Currie, Wendy (2000), The global information society, New York.

Galanxhi-Janaqi, Holtjana/Nah, Fiona Fui-Hoon (2004), U-commerce: emerging trends and research issues, in: Industrial Management & Data Systems, 104. Jg., Nr. 9, S. 744-755.

Gersham, Anatole (2002), Ubiquitous commerce – always on, always aware, always pro-active, in: Applications and the Internet, Symposium, Nara, S. 37-38.

Junglas, Iris Angelika (2003), U-commerce: an experimental investigation of ubiquity and uniqueness, Dissertation, Athens

Park, Denny J. (2003), Co-evolution in uCommerce: Emerging business strategies and technologies, in: Telecommunication Review, 13. Jg., Nr. 1.

Vedder, Klaus (2002), The subscriber identity module: Past, present and future, in: Hillebrand, Friedhelm (Hrsg.), GSM und UMTS, Kap. 13.

Watson, Richard T. (2000), U-commerce: The ultimate, http://www.acm.org/ubiquity/views/r_watson_1, Zugriff am 6. Januar 2007.

Watson, Richard T./Pitt, Leyland F./Berthon, Pierre/Zinkhan, George M. (2002), U-commerce: Expanding the universe of marketing, in: Journal of the Academy of Marketing Science, 30. Jg., Nr. 4, S. 333-347.

Watson, Richard T./Berthon, Pierre/Pitt, Leyland F./Zinkhan, George M. (2004), Marketing in the age of the network: From marketplace to U-Space, in: Business Horizons, 47. Jg., Nr. 6, S. 33-40.

Wirtz, Bernd W. (2001), Electronic Business, Wiesbaden

Wirtz, Bernd W. (2003), Medien- und Internetmanagement, Wiesbaden